BOGGLE

CROSSDOKU

BY

STERLING

New York / London

www.sterlingpublishing.com

Table of Contents

STERLING and the distinctive Sterling logo are
registered trademarks of Sterling Publishing Co., Inc.

2 4 6 8 10 9 7 5 3 1

Published by Sterling Publishing Co., Inc.
387 Park Avenue South, New York, NY 10016
© 2008 by Kid Beyond
Distributed in Canada by Sterling Publishing
C/o Canadian Manda Group, 165 Dufferin Street
Toronto, Ontario, Canada M6K 3H6
Distributed in the United Kingdom by GMC Distribution Services
Castle Place, 166 High Street, Lewes, East Sussex, England BN7 1XU
Distributed in Australia by Capricorn Link (Australia) Pty. Ltd.
P.O. Box 704, Windsor, NSW 2756, Australia

BOGGLE is a trademark of Hasbro and is used with permission.
© 2008 Hasbro. All Rights Reserved. Licensed by Hasbro.

Sterling ISBN-13: 978-1-4027-5257-5
ISBN-10: 1-4027-5257-1

For information about custom editions, special sales, premium and
corporate purchases, please contact Sterling Special Sales
Department at 800-805-5489 or specialsales@sterlingpublishing.com.

Dear Puzzler ...

Welcome to *BOGGLE Crossdoku*!

Crossdoku is a new kind of word puzzle—halfway between crosswords and sudoku. It offers word lovers a fun new way to flex their logic skills.

And it's bite-size: you can solve one with your morning coffee, or a whole bunch of them on a long trip.

No matter how or where you solve BOGGLE Crossdoku, I hope you have as much fun solving these puzzles as I did making them.

The next two pages contain everything you need to know to get started. The pages after that offer some solving tips—or you can just skip those and jump right into the puzzles!

Some puzzles have extra instructions, always included on the page below the puzzle. Have fun!

Puzzlingly yours,

Kid Beyond

Quick Introduction

BOGGLE Crossdoku is a magic word square—the same 5 words spelled across and down.

F	E	A	S	T
E	A	R	T	H
A	R	M	O	R
S	T	O	N	E
T	H	R	E	W

You're given an empty grid, with some squares already filled in ...

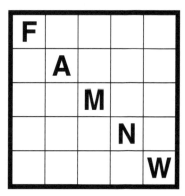

F				
	A			
		M		
			N	
				W

... and the letters that need to be placed in the empty squares.

A E E H O R R S T T

With a little logic, see which letters fit in certain squares.

AA___?	nope ...
OATHS?	row 3 gets messy
RATES?	same here
(EARTH!)	looks good!

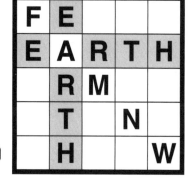

Ⓐ Ⓔ Ⓔ Ⓗ Ⓞ Ⓡ Ⓡ Ⓢ Ⓣ Ⓣ

Remember, each word gets filled in *twice*.

The letters you fill in can be crossed out (*once*).

Ⓐ ~~Ⓔ~~ Ⓔ ~~Ⓗ~~ Ⓞ ~~Ⓡ~~ Ⓡ Ⓢ ~~Ⓣ~~ Ⓣ

All words are common and recognizable. No foreign or capitalized words are used (unless the instructions on the page say so).

That's it!

EAGLE
HAPPY
SCOOP
✓

KYLIX
MERCI
IDAHO
✗

Solving Tips

Let's go through a puzzle from start to finish.

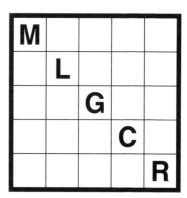

Ⓐ Ⓔ Ⓔ Ⓔ Ⓡ Ⓢ Ⓢ Ⓣ Ⓣ Ⓤ

It's often useful to look in the top and bottom corners, to see which letters can fit in those squares.

Which letter can go after the C, and before the R?

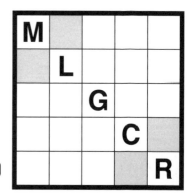

Ⓐ Ⓔ Ⓔ Ⓔ Ⓡ Ⓢ Ⓢ Ⓣ Ⓣ Ⓤ

Probably an E, or maybe A. Let's try the E.

Similarly, what letter can go after an M, and before an L?

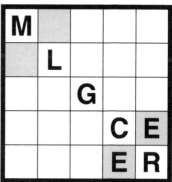

It looks like it'll have to be a vowel—A, E, or U.

What words can we make with a vowel before the L?

A few words come to mind: ALTER, ALERT ... let's try ALTER.

Hmm ... that TG in Row 3 doesn't look so good.

Let's try ALERT instead. Row 3 looks better now.

Now let's look at Row 4: _R_CE.

What word can fit here?

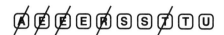

The only word that comes to mind is TRUCE.

Now let's look at Row 5: _T_ER.

What word fits here?

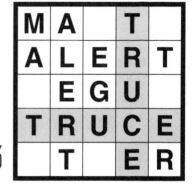

It looks like it'll have to be STEER.

There's only one letter left....

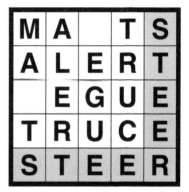

The S makes MASTS and SEGUE ... and we're done!

Advanced Solving Tips

Another useful tip is to look for uncommon letters—like Z, X, Q, J, K, V, and Y—and see where they can fit.

For example, where could the V fit in this puzzle?

Ⓐ Ⓔ Ⓔ Ⓛ Ⓝ Ⓞ Ⓞ Ⓢ Ⓣ Ⓥ

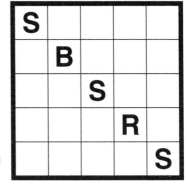

Well, if the V were in the top corner, we'd have SV _ _ _ and VB _ _ _. Not so good.

If it were anywhere in Row 5, we'd need a word ending in V. Bet you can't think of one.

Ⓐ Ⓔ Ⓔ Ⓛ Ⓝ Ⓞ Ⓞ Ⓢ Ⓣ Ⓥ

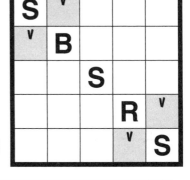

Looking at the rest of the squares, only 3 look likely. If the V is in Row 1, we could make SAVES or SALVE. If it's in Row 2, we could make ABOVE.

Try solving from here on your own, and check your answer on page 11.

Ⓐ Ⓔ Ⓔ Ⓛ Ⓝ Ⓞ Ⓞ Ⓢ Ⓣ Ⓥ

One more tip: At least one word will start with a vowel—and at least one will end with a vowel.

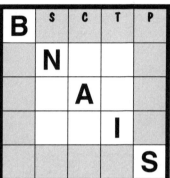

Why? Because if no word starts with a vowel, Row 1 won't have any vowels! The same goes for Row 5.

Here, we know that one word starts with E or U, and one ends with E or U.

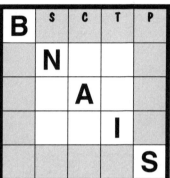

What words end in U? Not many: BAYOU, HAIKU ... none that fit.

So we can assume Row 5 has an E— meaning Row 1 has a U. That U is probably in Column 2; nothing else goes after B and before N.

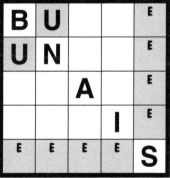

Try solving from this point and check your answer on the next page.

Answers to Sample Puzzles

B	U	S	T	S
U	N	C	U	T
S	C	A	L	E
T	U	L	I	P
S	T	E	P	S

S	A	L	O	N
A	B	O	V	E
L	O	S	E	S
O	V	E	R	T
N	E	S	T	S

1

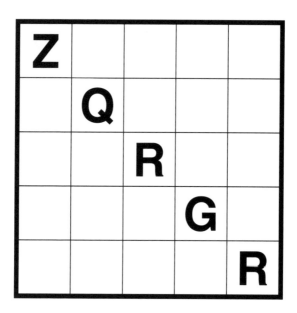

2

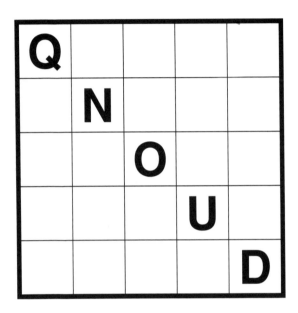

3

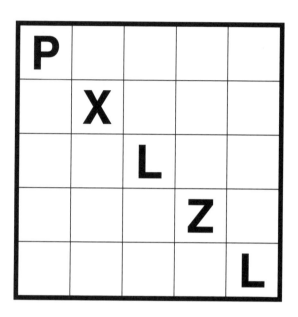

4

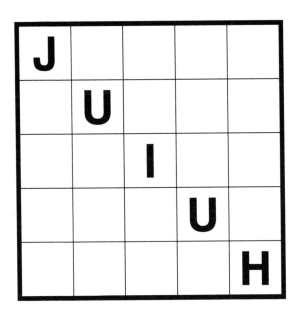

J				
	U			
		I		
			U	
				H

C E N N O

O S T T U

5

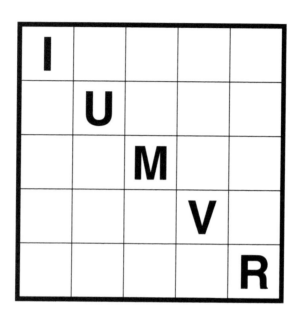

6

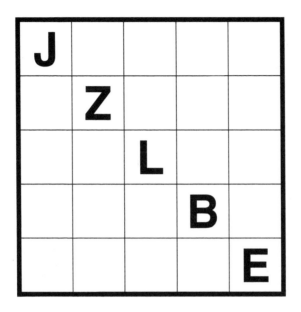

7

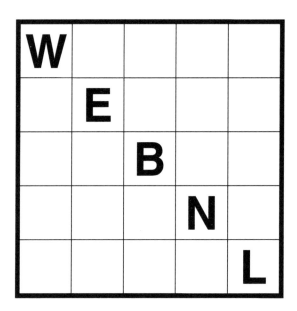

W				
	E			
		B		
			N	
				L

A E E H L

L O O T W

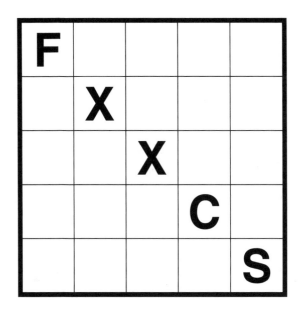

8

F				
	X			
		X		
			C	
				S

E   E   E   E   I

L   N   R   T   V

9

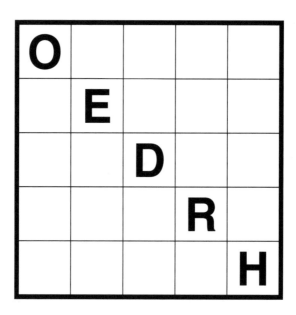

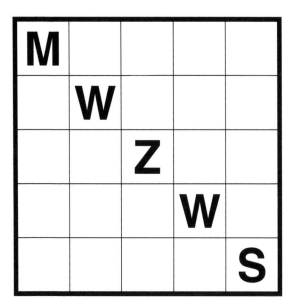

M				
	W			
		Z		
			W	
				S

(A) (A) (C) (D) (E)

(H) (O) (R) (R) (R)

1 1

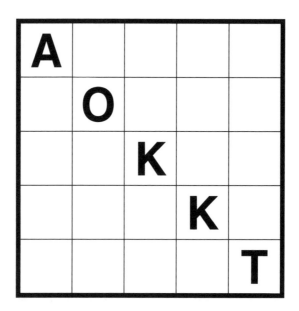

B E I M O

O R S S T

Beginner

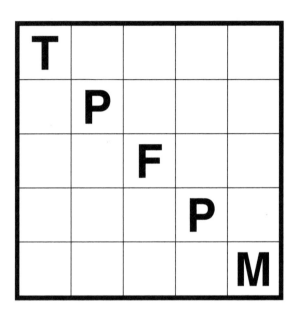

T				
	P			
		F		
			P	
				M

A C E E E

H O R R R

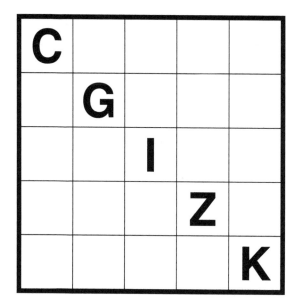

C				
	G			
		I		
			Z	
				K

(A) (A) (A) (E) (I)

(M) (N) (P) (S) (Z)

1 5

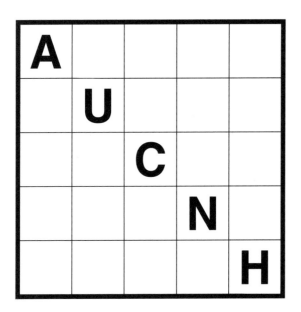

1 6

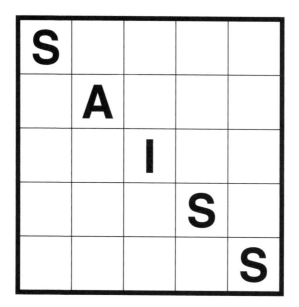

A I K K M

N N O O Y

Beginner

17

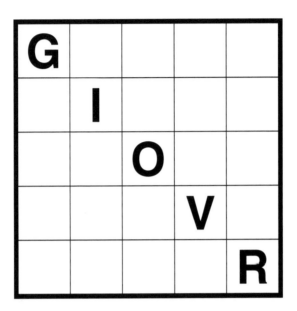

D E E I N

R R R V Y

28

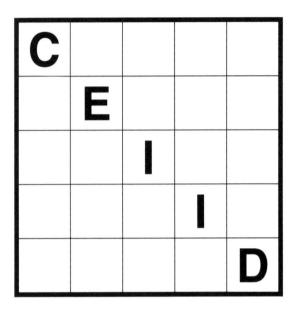

Beginner

1 9

C				
	E			
		I		
			I	
				D

(A) (A) (B) (D) (E)
(E) (L) (M) (P) (R)

2 0

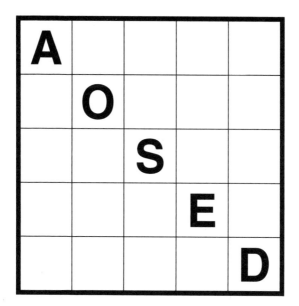

2 1

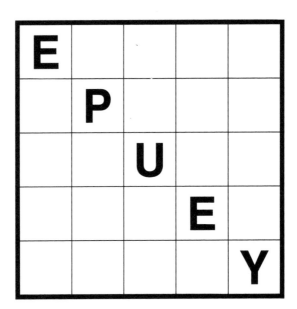

E				
	P			
		U		
			E	
				Y

A E G L N

N O R R T

2 2

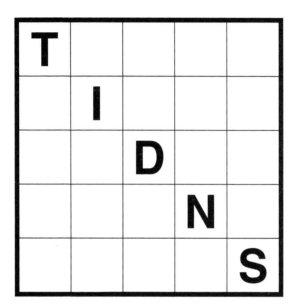

2 3

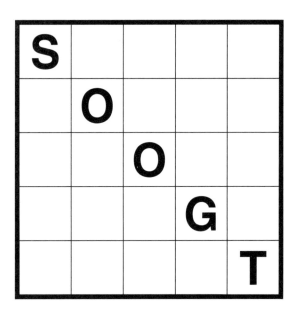

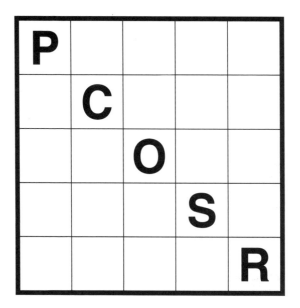

P				
	C			
		O		
			S	
				R

(A) (A) (M) (O) (O)

(R) (R) (S) (T) (T)

2 5

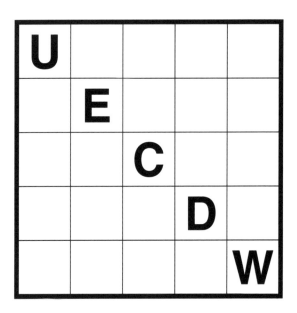

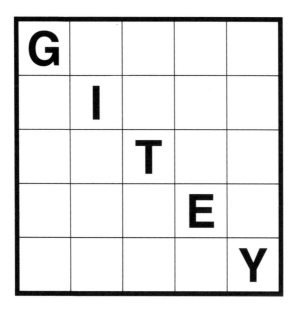

2 7

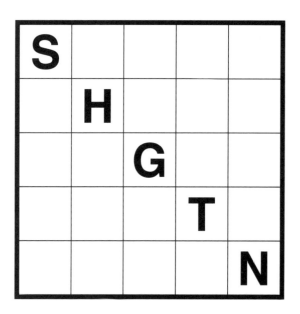

C D E E I

I I L R W

2 8

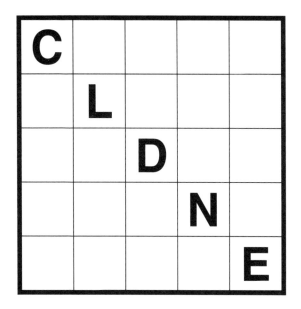

C				
	L			
		D		
			N	
				E

A A D I K

M O R R S

2 9

M				
	L			
		U		
			S	
				N

A C E F H

O O O R T

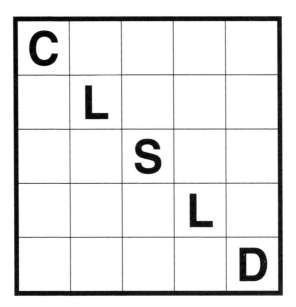

(A) (A) (E) (E) (I)

(L) (M) (O) (S) (S)

3 1

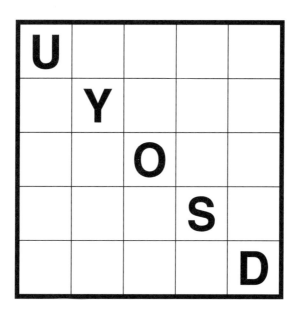

U				
	Y			
		O		
			S	
				D

C D E E L

L N N O U

3 2

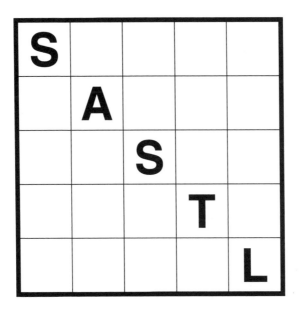

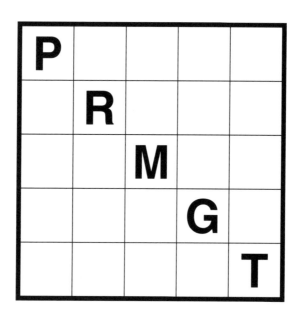

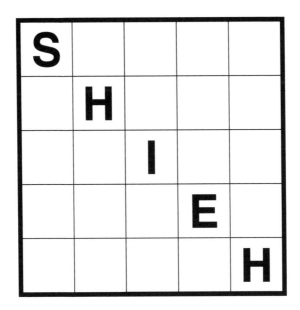

A E E E R

R S T T T

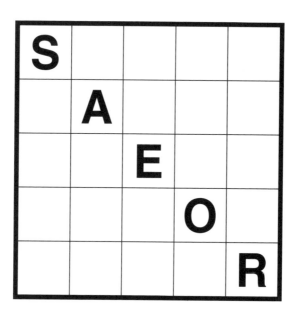

3 5

S				
	A			
		E		
			O	
				R

A	A	C	E	E
G	N	N	P	T

3 6

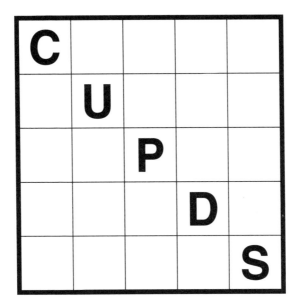

3 7

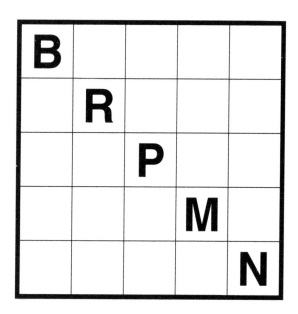

3 8

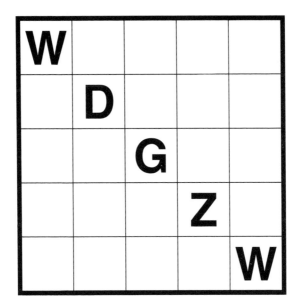

A A A L P

R S S T U

3 9

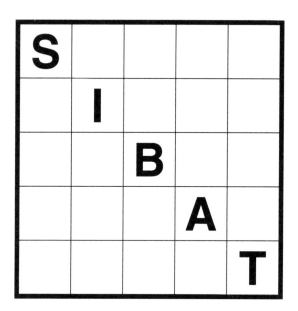

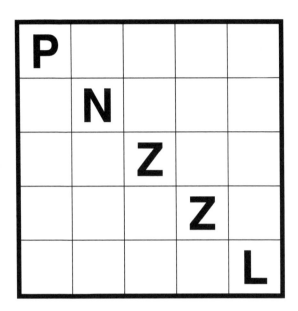

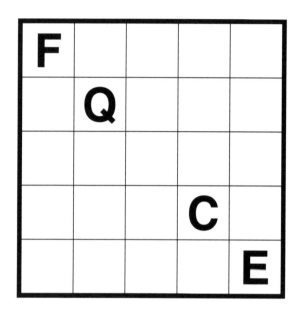

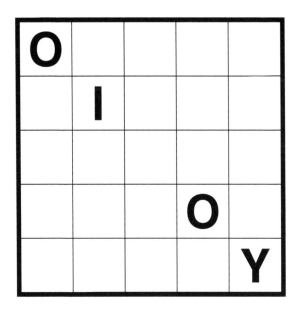

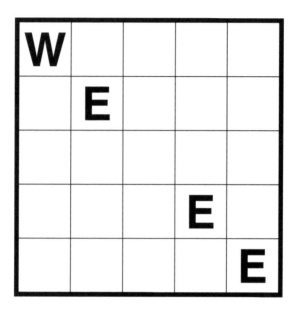

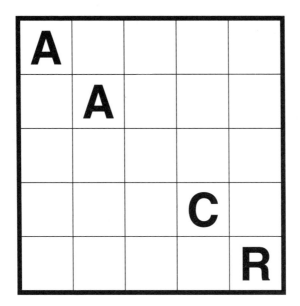

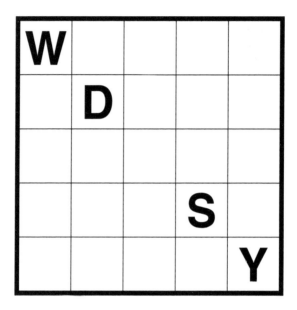

46

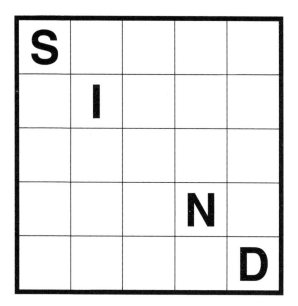

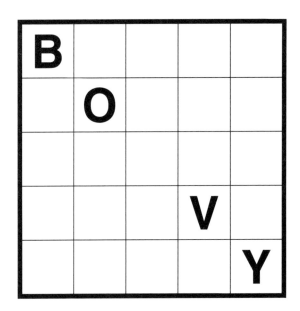

48

S				
	L			
			E	
				Y

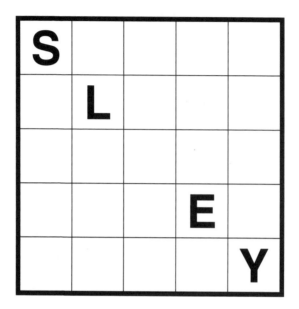

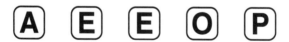

A E E O P

P S T T T U

Intermediate

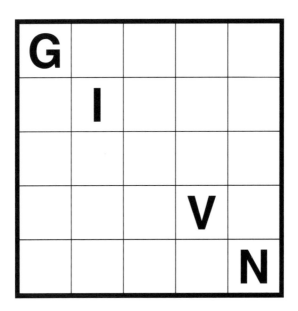

60

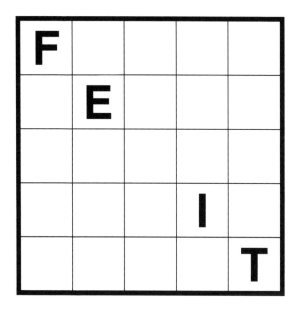

A C E E L

M M R S U U

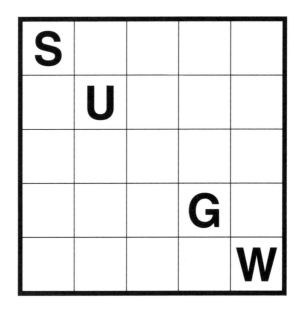

5 2

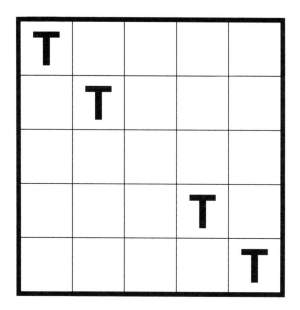

A A C C E
K N O O S Y

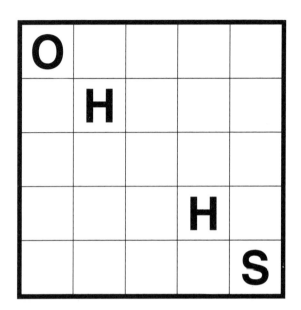

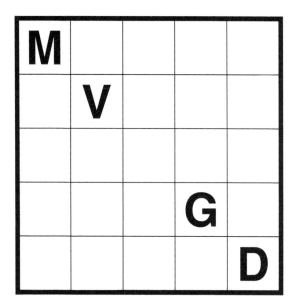

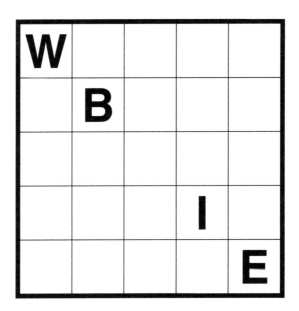

W				
	B			
			I	
				E

A A D L O

R S T T T Y

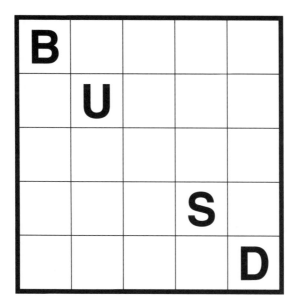

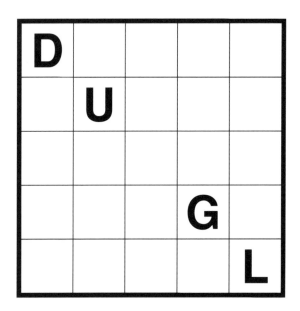

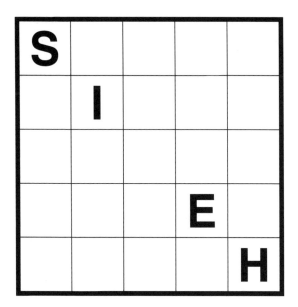

5 8

S				
	I			
			E	
				H

A E G M N

O P P R S T

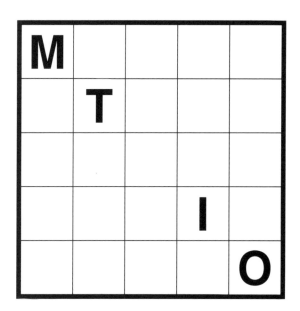

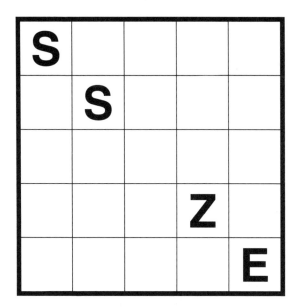

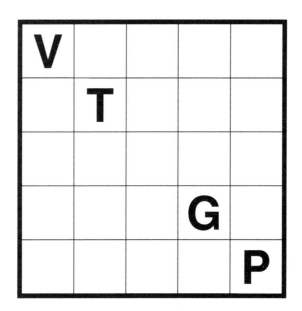

6 2

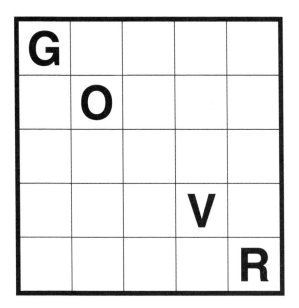

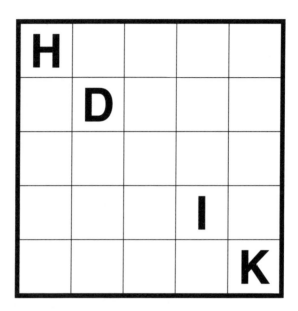

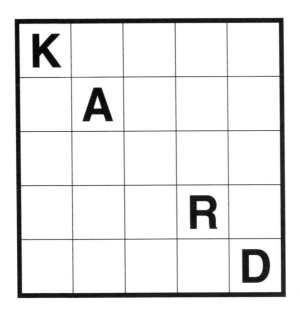

C E E H N

N O O T T W

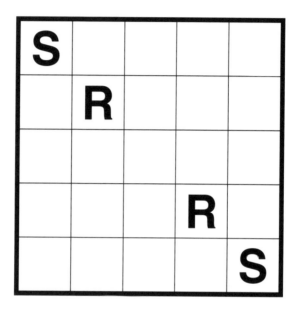

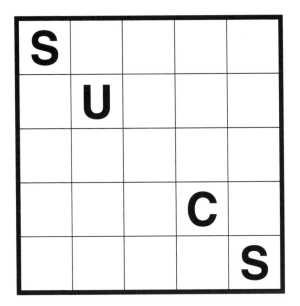

A B E E N

P R R T T U

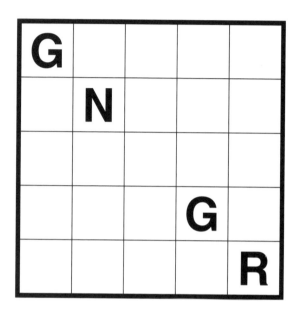

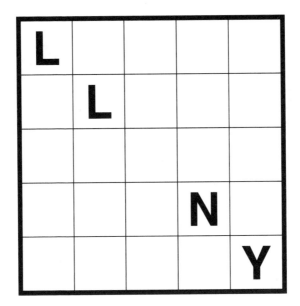

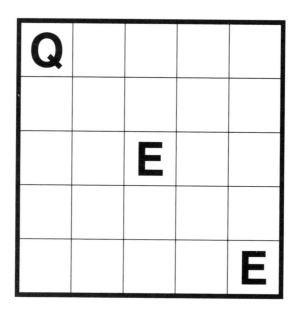

Advanced

80

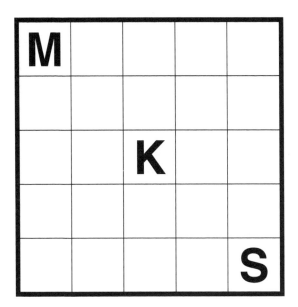

A B E E J O

O R R S T V

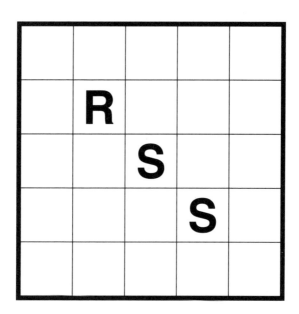

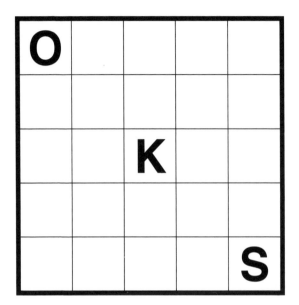

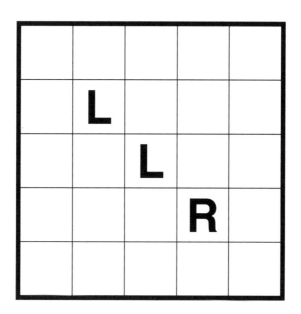

7 **3**

A A E G L N

O O R S S S

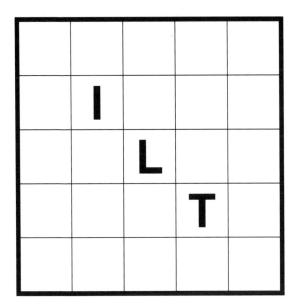

F G H I L O

O O P P S T

7 5

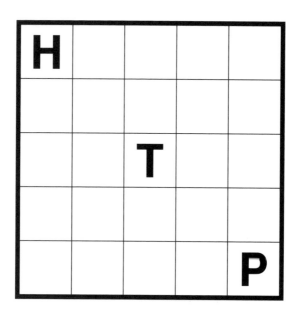

H				
		T		
				P

(A) (A) (I) (M) (O) (P)

(P) (R) (R) (S) (S) (T)

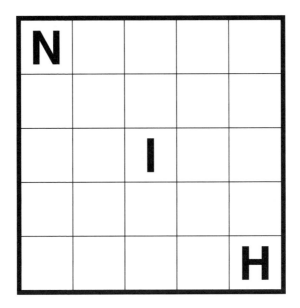

A A C C E E

I L S T T U

7 7

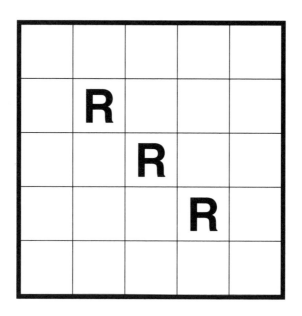

D E E E M M

N O O O S S

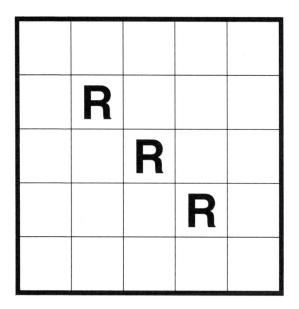

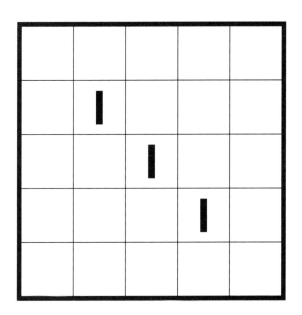

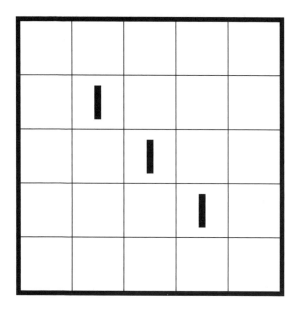

A C D E E E

F M R R S T

8 1

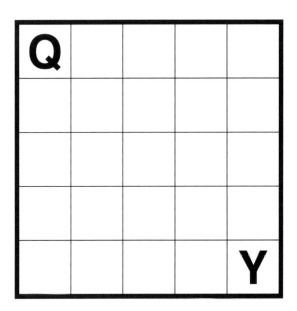

E E I I I L

M N S T T T U

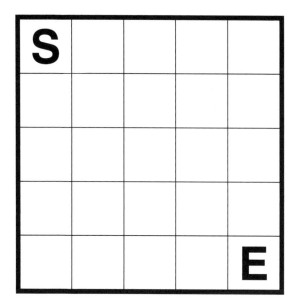

83

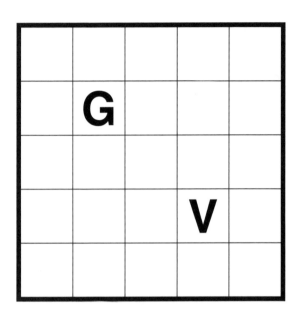

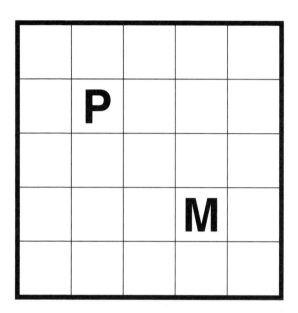

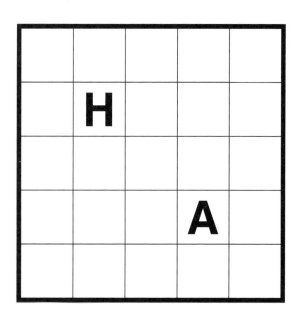

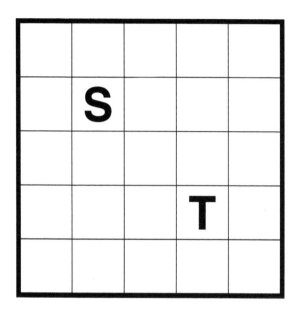

8 7

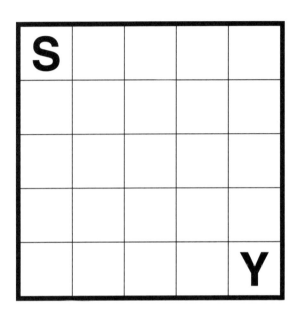

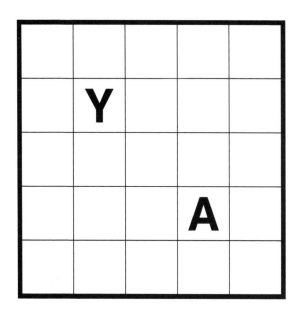

A B C E G H

L M N R S T Y

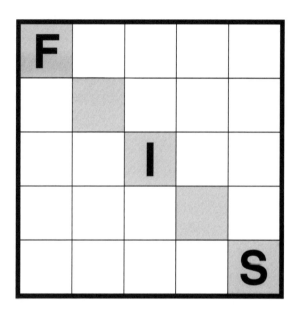

This puzzle has an extra hint: the shaded boxes, read from top to bottom, will spell a word.

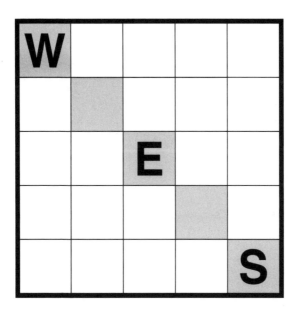

This puzzle has an extra hint: the shaded boxes, read from top to bottom, will spell a word.

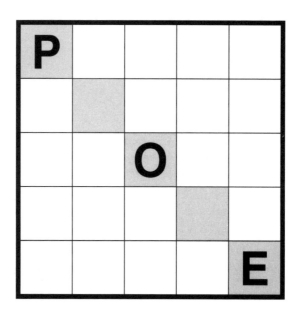

This puzzle has an extra hint: the shaded boxes, read from top to bottom, will spell a word.

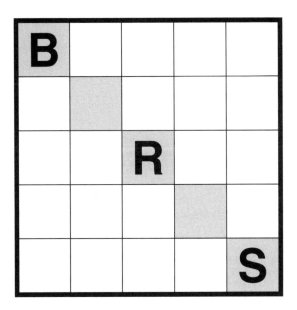

This puzzle has an extra hint: the shaded boxes, read from top to bottom, will spell a word.

Diagonals

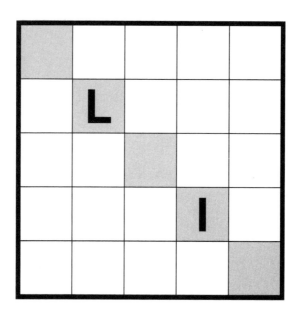

This puzzle has an extra hint: the shaded boxes, read from top to bottom, will spell a word.

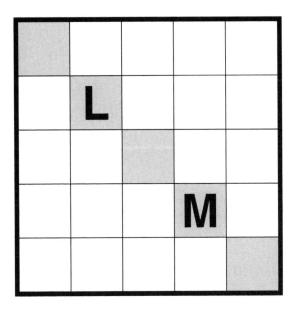

This puzzle has an extra hint: the shaded boxes, read from top to bottom, will spell a word.

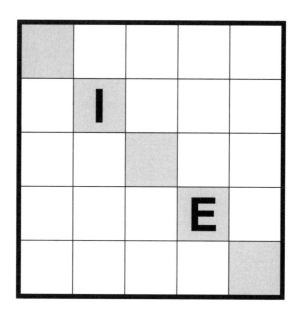

This puzzle has an extra hint: the shaded boxes, read from top to bottom, will spell a word.

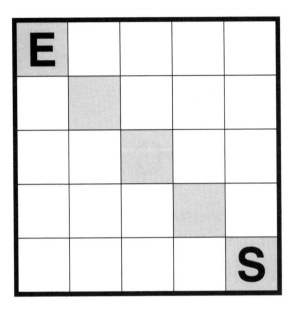

This puzzle has an extra hint: the shaded boxes, read from top to bottom, will spell a word.

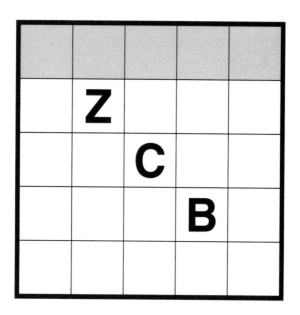

The shaded row in this puzzle will spell the title of a famous movie.

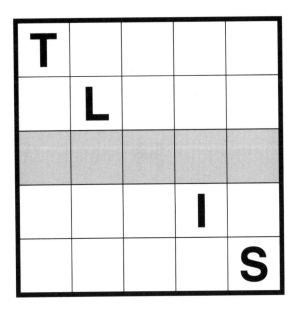

The shaded row in this puzzle
will spell the title of a famous
movie.

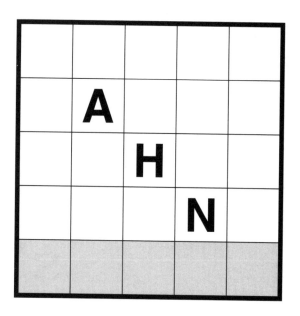

The shaded row in this puzzle will spell the title of a famous movie.

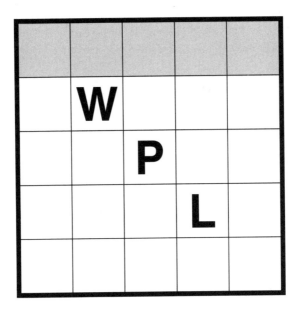

The shaded row in this puzzle will spell the title of a famous movie.

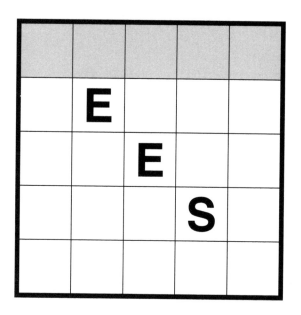

The shaded rows in these two
puzzles will spell the **first** ...

A B E G G H
O O R R T U

... and **last** name of a famous
movie star.

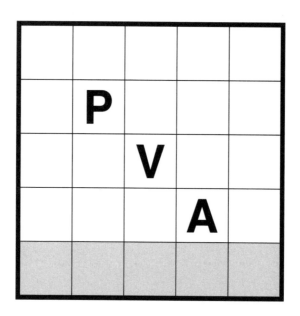

The shaded rows in these two puzzles will spell the **first** ...

... and **last** name of a famous
movie star.

The shaded rows in these two
puzzles will spell the **first** ...

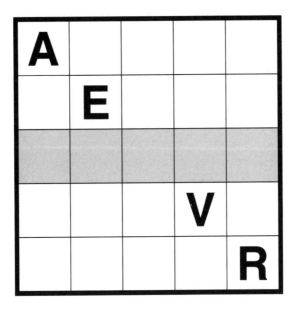

... and **last** name of a famous television personality.

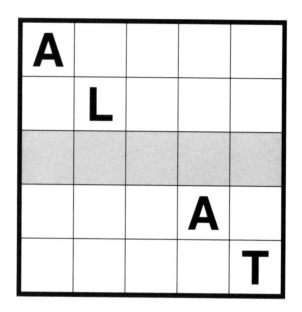

A A C E I
L L N P P U

The shaded rows in these two
puzzles will spell the **first** ...

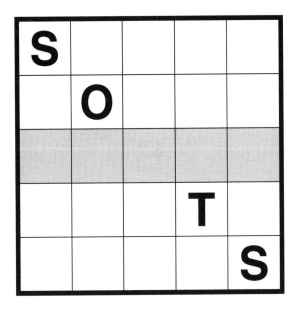

... and **last** name of a famous television personality.

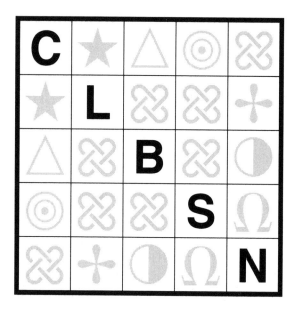

In this puzzle, each symbol represents a letter. For example, if the star were a Q, you would write a Q wherever the star appears. Each puzzle uses a different code.

In this puzzle, each symbol represents a letter. For example, if the star were a Q, you would write a Q wherever the star appears. Each puzzle uses a different code.

1 1 1

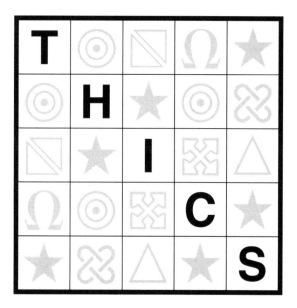

In this puzzle, each symbol represents a letter. For example, if the star were a Q, you would write a Q wherever the star appears. Each puzzle uses a different code.

1 1 2

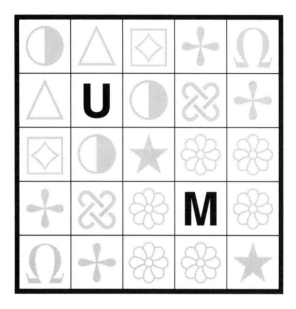

In this puzzle, each symbol represents a letter. For example, if the star were a Q, you would write a Q wherever the star appears. Each puzzle uses a different code.

1 1 3

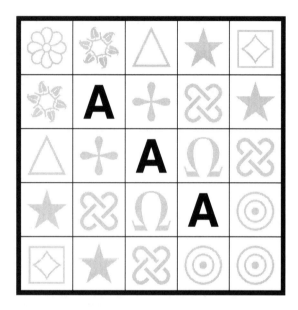

In this puzzle, each symbol represents a letter. For example, if the star were a Q, you would write a Q wherever the star appears. Each puzzle uses a different code.

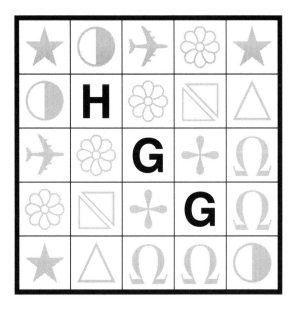

In this puzzle, each symbol represents a letter. For example, if the star were a Q, you would write a Q wherever the star appears. Each puzzle uses a different code.

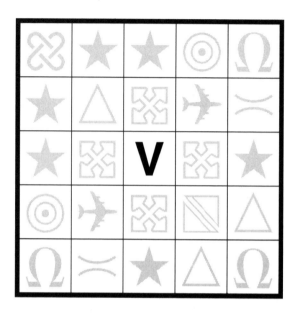

In this puzzle, each symbol represents a letter. For example, if the star were a Q, you would write a Q wherever the star appears. Each puzzle uses a different code.

In this puzzle, each symbol represents a letter. For example, if the star were a Q, you would write a Q wherever the star appears. Each puzzle uses a different code.

1 1 7

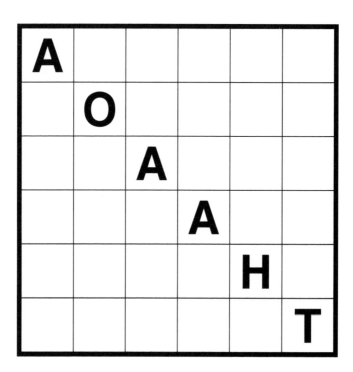

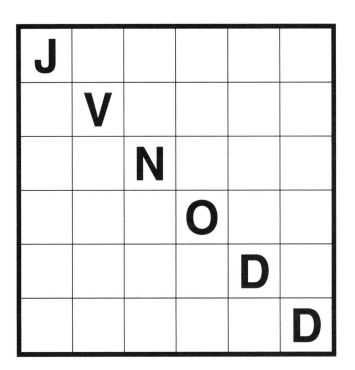

1 1 9

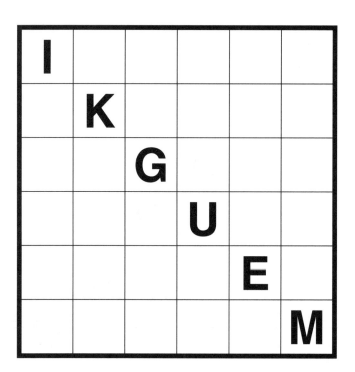

E E H I N

N R S S S

S T T U Y

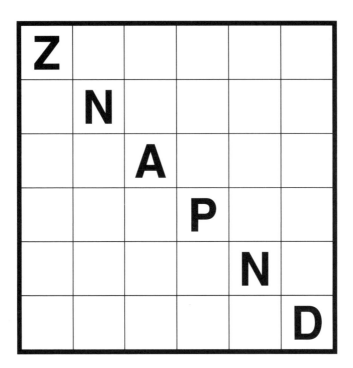

120

Z					
	N				
		A			
			P		
				N	
					D

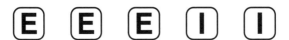

E E E I I

L M P P R

R S S T U

1 2 1

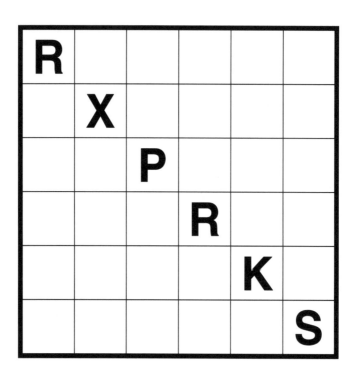

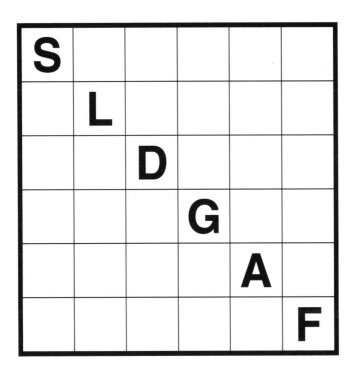

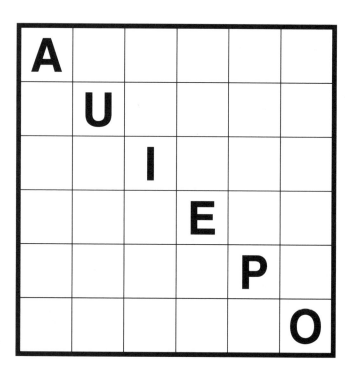

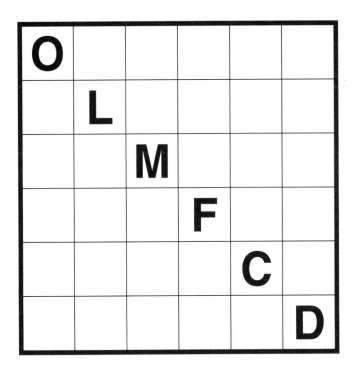

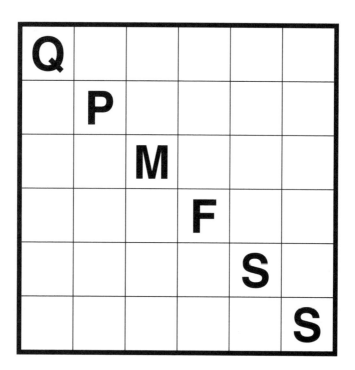

H					
	N				
		S			
			O		
				E	
					T

A A E E E

H I M N P

R R S U X

1 2 7

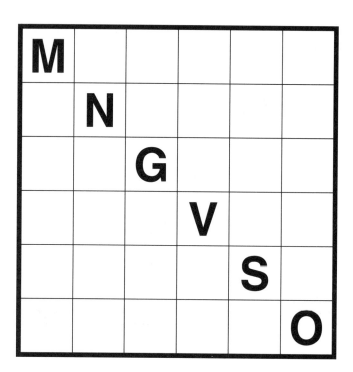

A D E E E

G I I L M

N O R T Y

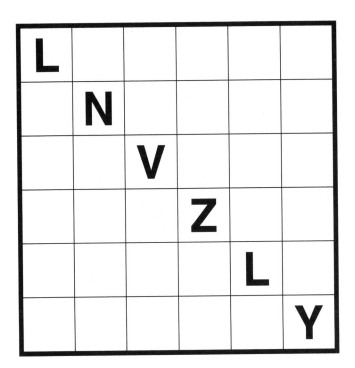

A A D D E

E E E E I

R S S S S

Jumbo

1 2 9

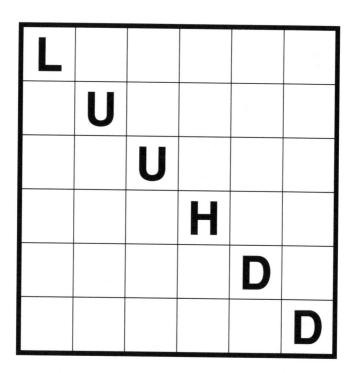

140

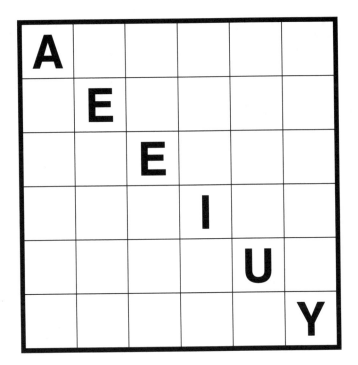

131

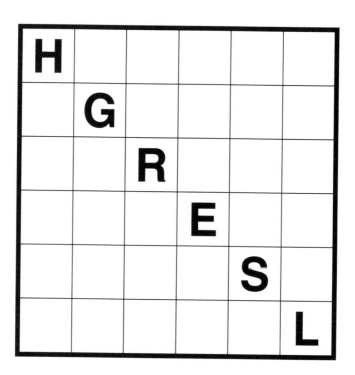

H					
	G				
		R			
			E		
				S	
					L

A   A   A   C   C

E   E   I   N   P

S   T   U   U   V

F					
	E				
		I			
			P		
				C	
					T

A   A   D   E   E

E   G   H   I   L

M   R   S   T   T

1

Z	E	B	R	A
E	Q	U	A	L
B	U	R	N	T
R	A	N	G	E
A	L	T	E	R

2

Q	U	A	R	T
U	N	D	E	R
A	D	O	R	E
R	E	R	U	N
T	R	E	N	D

3

P	E	A	C	E
E	X	T	R	A
A	T	L	A	S
C	R	A	Z	E
E	A	S	E	L

4

J	O	U	S	T
O	U	N	C	E
U	N	I	O	N
S	C	O	U	T
T	E	N	T	H

5

I	G	L	O	O
G	U	I	L	T
L	I	M	I	T
O	L	I	V	E
O	T	T	E	R

6

J	O	C	K	S
O	Z	O	N	E
C	O	L	O	N
K	N	O	B	S
S	E	N	S	E

7

W	H	E	A	T
H	E	L	L	O
E	L	B	O	W
A	L	O	N	E
T	O	W	E	L

8

F	E	V	E	R
E	X	I	L	E
V	I	X	E	N
E	L	E	C	T
R	E	N	T	S

9

O	C	E	A	N
C	E	L	L	O
E	L	D	E	R
A	L	E	R	T
N	O	R	T	H

10

M	A	R	C	H
A	W	A	R	E
R	A	Z	O	R
C	R	O	W	D
H	E	R	D	S

11

A	D	A	P	T
D	O	N	O	R
A	N	K	L	E
P	O	L	K	A
T	R	E	A	T

12

Z	O	O	M	S
O	R	B	I	T
O	B	E	S	E
M	I	S	E	R
S	T	E	R	N

13

T	O	R	C	H
O	P	E	R	A
R	E	F	E	R
C	R	E	P	E
H	A	R	E	M

14

C	A	M	P	S
A	G	A	I	N
M	A	I	Z	E
P	I	Z	Z	A
S	N	E	A	K

15

A	G	R	E	E
G	U	A	V	A
R	A	C	E	R
E	V	E	N	T
E	A	R	T	H

16

S	M	O	K	Y
M	A	N	I	A
O	N	I	O	N
K	I	O	S	K
Y	A	N	K	S

17

G	R	I	N	D
R	I	V	E	R
I	V	O	R	Y
N	E	R	V	E
D	R	Y	E	R

18

C	R	A	S	H
R	E	P	A	Y
A	P	P	L	E
S	A	L	O	N
H	Y	E	N	A

19

C	R	A	M	P
R	E	B	E	L
A	B	I	D	E
M	E	D	I	A
P	L	E	A	D

20

A	S	S	E	T
S	O	U	T	H
S	U	S	H	I
E	T	H	E	R
T	H	I	R	D

21

E	A	G	L	E
A	P	R	O	N
G	R	U	N	T
L	O	N	E	R
E	N	T	R	Y

22

T	W	I	S	T
W	I	N	C	E
I	N	D	E	X
S	C	E	N	T
T	E	X	T	S

23

S	W	A	M	I
W	O	M	A	N
A	M	O	N	G
M	A	N	G	O
I	N	G	O	T

24

P	A	S	T	A
A	C	T	O	R
S	T	O	R	M
T	O	R	S	O
A	R	M	O	R

25

```
U P P E R
P E E V E
P E C A N
E V A D E
R E N E W
```

26

```
G R A S P
R I F L E
A F T E R
S L E E K
P E R K Y
```

27

```
S C R E W
C H I L I
R I G I D
E L I T E
W I D E N
```

28

```
C A R D S
A L A R M
R A D I O
D R I N K
S M O K E
```

29

```
M A C H O
A L O O F
C O U R T
H O R S E
O F T E N
```

30

```
C L O S E
L L A M A
O A S I S
S M I L E
E A S E D
```

31

```
U N C L E
N Y L O N
C L O U D
L O U S E
E N D E D
```

32

```
S M I R K
M A S O N
I S S U E
R O U T E
K N E E L
```

33

```
P A N I C
A R O M A
N O M A D
I M A G E
C A D E T
```

34

```
S T A R T
T H R E E
A R I S E
R E S E T
T E E T H
```

35

```
S P A C E
P A G A N
A G E N T
C A N O E
E N T E R
```

36

```
C H A M P
H U M O R
A M P L E
M O L D Y
P R E Y S
```

37

```
B A D G E
A R E N A
D E P O T
G N O M E
E A T E N
```

38

```
W A S P S
A D U L T
S U G A R
P L A Z A
S T R A W
```

39

```
S T R U T
T I A R A
R A B B I
U R B A N
T A I N T
```

40

```
P A U S E
A N N E X
U N Z I P
S E I Z E
E X P E L
```

4 1

F	E	R	N	S
E	Q	U	I	P
R	U	L	E	R
N	I	E	C	E
S	P	R	E	E

4 2

O	L	I	V	E
L	I	N	E	N
I	N	A	N	E
V	E	N	O	M
E	N	E	M	Y

4 3

W	H	A	L	E
H	E	L	I	X
A	L	I	B	I
L	I	B	E	L
E	X	I	L	E

4 4

A	B	O	V	E
B	A	R	O	N
O	R	B	I	T
V	O	I	C	E
E	N	T	E	R

4 5

W	A	L	T	Z
A	D	O	R	E
L	O	T	U	S
T	R	U	S	T
Z	E	S	T	Y

4 6

S	M	A	S	H
M	I	N	C	E
A	N	N	E	X
S	C	E	N	E
H	E	X	E	D

4 7

B	R	A	S	H
R	O	D	E	O
A	D	O	R	N
S	E	R	V	E
H	O	N	E	Y

4 8

S	E	T	U	P
E	L	O	P	E
T	O	A	S	T
U	P	S	E	T
P	E	T	T	Y

49

```
G R A S P
R I G O R
A G I L E
S O L V E
P R E E N
```

50

```
F L A M E
L E M U R
A M U S E
M U S I C
E R E C T
```

51

```
S C O U R
C U R S E
O R G A N
U S A G E
R E N E W
```

52

```
T A C K Y
A T O N E
C O C O A
K N O T S
Y E A S T
```

53

```
O C T E T
C H A I R
T A N G O
E I G H T
T R O T S
```

54

```
M A Y B E
A V O I D
Y O U N G
B I N G E
E D G E D
```

55

```
W A T T S
A B O R T
T O D A Y
T R A I L
S T Y L E
```

56

```
B L A S T
L U N A R
A N G L E
S A L S A
T R E A D
```

5 7

```
D A I S Y
A U D I O
I D L E D
S I E G E
Y O D E L
```

5 8

```
S P A S M
P I N T O
A N G E R
S T E E P
M O R P H
```

5 9

```
M A R S H
A T O N E
R O Y A L
S N A I L
H E L L O
```

6 0

```
S U R F S
U S U R P
R U M O R
F R O Z E
S P R E E
```

6 1

```
V E R B S
E T H I C
R H I N O
B I N G O
S C O O P
```

6 2

```
G R I L L
R O D E O
I D E A S
L E A V E
L O S E R
```

6 3

```
H I L L S
I D I O T
L I N G O
L O G I C
S T O C K
```

6 4

```
K N O W N
N A C H O
O C T E T
W H E R E
N O T E D
```

65

S	P	O	O	N
P	R	O	V	E
O	O	Z	E	S
O	V	E	R	T
N	E	S	T	S

66

S	P	U	R	T
P	U	R	E	E
U	R	B	A	N
R	E	A	C	T
T	E	N	T	S

67

G	U	S	T	O
U	N	T	I	L
S	T	A	N	D
T	I	N	G	E
O	L	D	E	R

68

L	A	P	S	E
A	L	I	A	S
P	I	O	U	S
S	A	U	N	A
E	S	S	A	Y

69

Q	U	O	T	E
U	P	P	E	R
O	P	E	R	A
T	E	R	M	S
E	R	A	S	E

70

M	A	J	O	R
A	B	O	V	E
J	O	K	E	S
O	V	E	R	T
R	E	S	T	S

71

S	T	A	F	F
T	R	I	A	L
A	I	S	L	E
F	A	L	S	E
F	L	E	E	T

72

O	P	T	I	C
P	H	O	N	E
T	O	K	E	N
I	N	E	P	T
C	E	N	T	S

73

L	A	S	S	O
A	L	O	N	G
S	O	L	A	R
S	N	A	R	E
O	G	R	E	S

74

F	L	I	P	S
L	I	G	H	T
I	G	L	O	O
P	H	O	T	O
S	T	O	O	P

75

H	A	R	P	S
A	P	A	R	T
R	A	T	I	O
P	R	I	S	M
S	T	O	M	P

76

N	A	S	A	L
A	C	U	T	E
S	U	I	T	E
A	T	T	I	C
L	E	E	C	H

77

M	E	M	O	S
E	R	O	D	E
M	O	R	O	N
O	D	O	R	S
S	E	N	S	E

78

S	P	L	I	T
P	R	U	N	E
L	U	R	E	S
I	N	E	R	T
T	E	S	T	S

79

S	P	A	R	S
P	I	L	O	T
A	L	I	B	I
R	O	B	I	N
S	T	I	N	K

80

F	R	A	M	E
R	I	S	E	R
A	S	I	D	E
M	E	D	I	C
E	R	E	C	T

81

Q	U	I	L	T
U	N	T	I	E
I	T	E	M	S
L	I	M	I	T
T	E	S	T	Y

82

S	C	O	O	T
C	O	U	C	H
O	U	N	C	E
O	C	C	U	R
T	H	E	R	E

83

M	A	D	A	M
A	G	I	L	E
D	I	G	I	T
A	L	I	V	E
M	E	T	E	R

84

P	A	N	D	A
A	P	A	R	T
N	A	V	A	L
D	R	A	M	A
A	T	L	A	S

85

S	T	E	M	S
T	H	R	E	W
E	R	O	D	E
M	E	D	A	L
S	W	E	L	L

86

A	U	N	T	S
U	S	U	A	L
N	U	R	S	E
T	A	S	T	E
S	L	E	E	P

87

S	M	A	S	H
M	O	C	H	A
A	C	O	R	N
S	H	R	E	D
H	A	N	D	Y

88

B	L	A	S	T
L	Y	N	C	H
A	N	G	R	Y
S	C	R	A	M
T	H	Y	M	E

89

F	L	O	S	S
L	A	N	C	E
O	N	I	O	N
S	C	O	L	D
S	E	N	D	S

90

W	R	O	N	G
R	E	P	E	L
O	P	E	R	A
N	E	R	D	S
G	L	A	S	S

91

P	E	A	C	E
E	R	R	O	R
A	R	O	M	A
C	O	M	B	S
E	R	A	S	E

92

B	E	A	R	D
E	A	G	E	R
A	G	R	E	E
R	E	E	K	S
D	R	E	S	S

93

F	U	S	E	D
U	L	C	E	R
S	C	A	R	Y
E	E	R	I	E
D	R	Y	E	R

94

C	A	L	M	S
A	L	L	O	W
L	L	A	M	A
M	O	M	M	Y
S	W	A	Y	S

95

S	P	E	A	R
P	I	X	I	E
E	X	T	R	A
A	I	R	E	D
R	E	A	D	S

96

E	N	T	E	R
N	A	I	V	E
T	I	R	E	S
E	V	E	N	T
R	E	S	T	S

97

R	O	C	K	Y
O	Z	O	N	E
C	O	C	O	A
K	N	O	B	S
Y	E	A	S	T

98

T	A	B	O	O
A	L	A	R	M
B	A	M	B	I
O	R	B	I	T
O	M	I	T	S

99

G	L	O	S	S
L	A	T	C	H
O	T	H	E	R
S	C	E	N	E
S	H	R	E	K

100

F	A	R	G	O
A	W	A	R	D
R	A	P	I	D
G	R	I	L	L
O	D	D	L	Y

101

G	R	E	T	A
R	E	V	E	L
E	V	E	N	T
T	E	N	S	E
A	L	T	E	R

102

G	A	R	B	O
A	B	O	U	T
R	O	U	G	H
B	U	G	L	E
O	T	H	E	R

103

H	O	L	D	S
O	P	E	R	A
L	E	V	E	L
D	R	E	A	M
S	A	L	M	A

104

H	A	R	S	H
A	R	E	N	A
R	E	L	A	Y
S	N	A	K	E
H	A	Y	E	K

1 0 5

S	T	R	U	T
T	H	O	S	E
R	O	G	E	R
U	S	E	R	S
T	E	R	S	E

1 0 6

A	R	E	N	A
R	E	B	E	L
E	B	E	R	T
N	E	R	V	E
A	L	T	E	R

1 0 7

A	P	P	L	E
P	L	A	I	N
P	A	U	L	A
L	I	L	A	C
E	N	A	C	T

1 0 8

S	C	A	B	S
C	O	B	R	A
A	B	D	U	L
B	R	U	T	E
S	A	L	E	S

1 0 9

C	A	R	G	O
A	L	O	O	F
R	O	B	O	T
G	O	O	S	E
O	F	T	E	N

1 1 0

P	I	C	K	S
I	D	I	O	T
C	I	G	A	R
K	O	A	L	A
S	T	R	A	Y

1 1 1

T	A	B	L	E
A	H	E	A	D
B	E	I	N	G
L	A	N	C	E
E	D	G	E	S

1 1 2

G	O	A	T	S
O	U	G	H	T
A	G	R	E	E
T	H	E	M	E
S	T	E	E	R

113

```
W H I M S
H A R E M
I R A T E
M E T A L
S M E L L
```

114

```
S T A R S
T H R O W
A R G U E
R O U G E
S W E E T
```

115

```
O C C U R
C H I N A
C I V I C
U N I T E
R A C E R
```

116

```
F L U F F
L U N A R
U N C L E
F A L L S
F R E S H
```

117

```
A C C E S S
C O R S E T
C R A T E R
E S T A T E
S E E T H E
S T R E E T
```

118

```
J A G U A R
A V E N G E
G E N D E R
U N D O N E
A G E N D A
R E R E A D
```

119

```
I S S U E S
S K I N N Y
S I G H T S
U N H U R T
E N T R E E
S Y S T E M
```

120

```
Z I P P E R
I N S U R E
P S A L M S
P U L P I T
E R M I N E
R E S T E D
```

121

```
R E A C T S
E X P O R T
A P P E A R
C O E R C E
T R A C K S
S T R E S S
```

122

```
S C R E A M
C L A M M Y
R A D I O S
E M I G R E
A M O R A L
M Y S E L F
```

123

```
A P P L E S
P U R I S T
P R I N C E
L I N E A R
E S C A P E
S T E R E O
```

124

```
O C C U R S
C L O S E T
C O M E D Y
U S E F U L
R E D U C E
S T Y L E D
```

125

```
Q U A L M S
U P R O O T
A R M A D A
L O A F E R
M O D E S T
S T A R T S
```

126

```
H U M A N E
U N I S E X
M I S H A P
A S H O R E
N E A R E R
E X P E R T
```

127

```
M E L T E D
E N E R G Y
L E G I O N
T R I V I A
E G O I S M
D Y N A M O
```

128

```
L E A S E D
E N D E A R
A D V I S E
S E I Z E S
E A S E L S
D R E S S Y
```

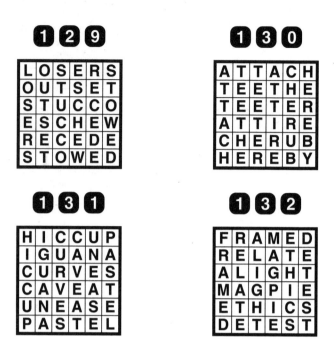

129

L	O	S	E	R	S
O	U	T	S	E	T
S	T	U	C	C	O
E	S	C	H	E	W
R	E	C	E	D	E
S	T	O	W	E	D

130

A	T	T	A	C	H
T	E	E	T	H	E
T	E	E	T	E	R
A	T	T	I	R	E
C	H	E	R	U	B
H	E	R	E	B	Y

131

H	I	C	C	U	P
I	G	U	A	N	A
C	U	R	V	E	S
C	A	V	E	A	T
U	N	E	A	S	E
P	A	S	T	E	L

132

F	R	A	M	E	D
R	E	L	A	T	E
A	L	I	G	H	T
M	A	G	P	I	E
E	T	H	I	C	S
D	E	T	E	S	T

About the Author

Kid Beyond is an electronic pop musician—singer, beatboxer, songwriter, producer—based in San Francisco. He has shared the stage with Keane, Imogen Heap, Lupe Fiasco, and many other artists. His voice and music have appeared on TV shows such as *Gossip Girl*, *Kyle XY*, and VH1's *Supergroup*; films such as *Mission: Impossible III*; and games such as *NBA Live* and the *Guitar Hero* series.

An avid game and puzzle inventor since childhood, Kid B is a proud member of the National Puzzlers' League, and has lectured at Harvard and MIT on game design. This is his first book.

For more information on Kid Beyond, see kidbeyond.com. To plunge further into the world of Crossdoku, see crossdoku.com.